Angelika Fürthauer
Auf den *Versen* von Stadt und Land
Gedichte für Lachdenker

ISBN: 978-3-902814-03-6

© by Angelika Fürthauer, Steinbach am Attersee
www.bayerverlag.at
Alle Rechte vorbehalten

6. Auflage 2012

Angelika Fürthauer

Auf den Fersen von Stadt und Land

Gedichte für Lachdenker

Fotos:
Franz Wendl,
geb. 17. 9. 1943 in Mondsee
Visions-Fotograph
Veranstalter von AV-DIA Shows
Erlebnisvermittler und Störzonenmessungen

www.bayerverlag.at

Inhaltsverzeichnis

Seite

Vorwort	7
Dichtungsmaterial	9
Feste ohne Fälligkeitsdatum	10
Meine Hundstag	11
Reisen mit Herz	14
Das Werbeparadies	16
Der Jackpotknödeltopf	18
Ländliches Selbstbewußtsein	20
Der zweite Bildungsweg	22
EU – auf österreichisch	24
Modische Entfaltung	25
Models	26
Die Autophilosophie	28
Das Wandern is des Mülles Lust	30
In Gottes Namen der Partei	32
Die vernetzte Einsamkeit	33
Der Traumgartenprospekt	34
Das doppelte Einzelpaar	36
Urlaub in der Doppelpackung	37
Liebe Sonne!	38
Die verblödete Gscheitheit	39
Höchste Zeit zum Wettermachen	40
Ö3-Disco	42
Der Möbelspaß zum Selbermachen	44
Hausbär gesucht	46
Das rechte Wort am falschen Ort	47
FVF (Fliegenverhaltensforschung)	48
Die Wirts-Haustiere	50

	Seite
Die Preissturzgefahr	51
Wie im Himmel so auf Erden	52
Die neue Insel der Seligen	53
A Liadl und a Musi	54
Die Lebensweise	55
Logische Zeitnehmung	56
Die Schnellstraße des Lebens	57
Die Zeit is das Leben	58
Frühlingserwachen im Altweibersumma	60
Der Bauernstand	62
Wann da Summa sö pfiat	64
Zum Ende eines Tages	65
Die Spuren des Lebens	66
Es is koa Zeit wia sunst im Jahr	70
Weihnachtsgedanken	71
Kimmt bald die Weihnacht	72
Die vor(h)eilige Zeit	73
Übers Christbaum hoambringen	74
Auf Weihnachten zua	76
Der Christkindl-Erpresser	78
Keksdosengespräch	79
Der gewählte Erlöser	82
Der Weg zum Christkind	84
Das Kripperl meiner Kinderzeit	86
Bethlehem auf österreichisch	88
Am Christkindlmarkt	91
Und wieder geht a Jahr zu End	93

Vorwort

Liebe Leser!

Mit Freude und Stolz darf ich Sie im mittlerweile schon recht stattlichen Kreis meiner „Lachdenker" willkommen heißen und mit diesem nunmehr fünften Gedichtband zu einer literarischen Schmunzelreise auf den Versen von Stadt und Land einladen.

Wie seine Vorgänger ist auch dieses Buch in der Umgangssprache zeitgenössischer Mundart verfaßt.

Es ist jene Ausdrucksform, die mir den direkten Zugang von den „Appenzellern bis zu den Ostfriesen" ermöglicht hat und ich durch sie nicht zuletzt, oder gerade deshalb in manchen illustren Runden eine beachtliche Anhängerschar gewinnen konnte.

Zum Schluß noch ein kleiner Hinweis:

Volksmusikfreunde, die mich nicht nur lesen, sondern auch hören möchten, seien auf die „Christkindlmesse aus Oberösterreich" und das „Alpenländische Requiem", beides Raritäten und als CD und MC der Firma KOCH INTERNATIONAL erschienen, aufmerksam gemacht.

Dichtungsmaterial

So wia da Kunstschmied s'Eisen biagt,
da Bäckergsell an Brottoag ziagt,
der Töpfer Teller formt und Tassen,
arbeit ih mit Dichtungsmassen.

Dös is a Handwerk mit Bedacht,
bei dem man sich net dreckig macht
denn der Stoff zum Modelliern
stammt ausschließlich aus dem Gehirn.

Da brauchst koa Beißzang und koan Hammer,
koa Labor, koa Dunkelkammer
und bist net abhängig vom Weda.
Es rinnt ganz locker aus der Feder.

Ja, manchmal hats a ganz immens
dickflüssige Konsistenz
die ih beim Austritt stark verdünn
damit die Leut net sagn, ih spinn.

Im Gegensatz zu andern Leuten
hab ih nia Absatzschwierigkeiten
denn daß ih mih oft selber schreck
gehts wia dö warmen Scmmeln weg.

Dös wär ansich a Grund zum gfrei'
hätt ih net a weng Angst dabei
daß mei Produkt amal versickert
oder gar im Hirn eintrickat.

Da bin ih aber ah net sauer
und geh halt zu dö Brückenbauer,
dort werd ih nämlich ganz guat zahlt
dafür – wann ma nix einfallt!

Feste ohne Fälligkeitsdatum

Zum Feiern gibts ollweil an Grund:

An starken Tag, a schwache Stund,
an Blumenstock, der sich derfangt,
an Zuafall, dem man s'Lebn verdankt,
an Kuchen, der aufs erst Mal gradt,
a Rückzahlung vom Vater Staat,
an Wachmann, der oan übersiagt,
an Schnupfen, den man gar net kriagt,
an Fuaßboden, der koan Dreck annimmt,
a Zahnarztrechnung, die net kimmt,
an Todfeind, wann er wieder grüaßt
und Hühneraugn, wannst sie net spürst.

Dös ois ghört gfeiert und noch mehr,
und redt wer so an Schmarrn daher –
nur d'Arbeit könnt das Lebn, süaß macha –
kann ih drüber netta lacha
weil ih a bessers Sprichwort kenn:

Fest feiern, statt fest arbeiten!

Meine Hundstag

Müaßt ih wem a Antwort gebn,
was ih gern wär im zweiten Lebn –
ih wär, wann ih mirs wünschen kunnt
nix so gern als wia a Hund.

Natürlich wär ih net so oana
der auf d'Schläg wart und frißt Boana,
ih wär ah für die Jagd net zbrauchen.
Na! Ih wär oana, der sein Frauchen
Gesellschaft leistet und der bloß
am Perser sitzt und auf ihrn Schoß.

Glaubt auch jeder, der mih kennt,
ih hätt für sowas koa Talent –
ihr kamats goar net zamm mitn Schaun
was ih für fauler Hund sein kann!

A Lebn hätt ih wie im Märchen:

A weng mitn Schlapfn spieln vom Herrchen,
im Einkaufskorb spazierntragn werden,
bald schlaf ih und bald schau ih fern
weil meistens bin ih eh hundsmüad
bis s'Frauchen s'Mittagsmahl serviert.

Da speis ih dann mei Haubnmenü
garniert mit krausem Petersiel
und am späten Nachmittag
a Tortn oder Eis mit Schlag.

Wer Tisch und Bett mitn Frauerl teilt
hat auch Maniern und is gestylt.
Wöchentlich hab ih daher
an Fixtermin bei mein Friseur
und daß ich so wohlerzogen,
verdank ih meinem Psychologen.

Weil sie immer an mih denkt
werd ih auch z'Weihnachten beschenkt,
zum Osterhas, zum Valentin
und wann ih bsonders zärtlich bin.

Wo hast schon so a herrlichs Lebn
wo du nur kriagst und brauchst nix gebn?

Schlagt einst auch mir die letzte Stund
bin ih ah dann koa armer Hund.

Denn sollt mei Frauerl vor mir sterben
macht sie mih zum alleinign Erbn
und sollt schon ih ihr vorausgehn
wird auf mein Marmorgrabstein stehn:

Wuffi, dich werd ich nie vergessen!
Und dös trotz Faulsein und guat fressn.

Höchstens noch als Pensionist
daß man so unbeschwert genießt –
an andern is dös nia vergunnt.
Drum werd ih s'nächste Mal a Hund
und dös is ah da Grund, daß heut
schon bald mehr Hund gibt als wia Leut!

Reisen mit Herz

Wann man sich beim Fliagn fürcht
und im eignen Wagn zweng siacht,
faßt man meistens den Entschluß
man macht a Fahrt im Autobus.

Wer diese Art des Reisens kennt
der woaß, da bist in guate Händ,
denn wiast dih niederlaßt am Sitz
erzählt der Fahrer schon an Witz.

Sagt, wia man d'Lehnen dauniziagt
und was man bei ihm z'trinken kriagt.
Er gibt noch Anleitung fürs Klo
und schon hört man im Radio
die „Originalen Kreuzfidelen"
die bei keinem Ausflug fehlen.

Jetzt bist komplett fürs Reiseglück
im Bus mit Panoramablick.
Kunnst a weng nach hintn rutschn
und dös erste Zuckerl lutschen,
kam net schon ausn Führerhaus
der Befehl: Wir steigen aus!

Jacken, Regnschirm, Kamera,
im Nu san olle Plätze laar
denn für die Sehenswürdigkeit
is grad a Viertelstünderl Zeit.

Da derfst dih nirgendwo verschau'n
sunst fahrt dir glatt der Bus davon!
Er bleibt nämlich noch zehn Mal stehn.
Bei Königsschlössern und Museen,

Bischofsgruften, Wunderquelln,
Aussichttürmen, Waldkapelln
und bei a jedn Wallfahrtskircha.

Kann iatzt a mancher kaum nu kriacha
steht gwiß nu wo a Burgruin
und dös is ois im Fahrpreis drin!

Wer schon ois kennt auf ebner Straß,
macht Fahrten übern Alpenpaß.
Da hast was von a solchen Tour –
außer du machst d'Augen zua
wanns Fahrgstell über d'Felswand hängt,
weil der Schaffeur in d'Kurvn lenkt.
In so an Fall steht Gott sei Dank
a Kübel aufm Mittelgang.
Drum hoaßns ja auch Luxusreisen,
wia solche Leistungen beweisen.

Ja, so a Bus hat halt an Sinn.
Wia ih oan siag, sitz ih schon drin
und könnt mitfahrn Tag und Nacht.

Drum habn auch neulich d'Leut so glacht –
wia ih im eignen Kraftfahrzeug
mitn Jausensackl hint einsteig
und mit mein Huat, dös is koa Schmäh –
fürn fahrer Trinkgeld sammeln geh.

Mei Huat bleibt selbstverständlich leer,
denn ih bin selber der Schaffeur!

Das Werbeparadies

Wann ih auf d'Nacht vorm Bildschirm hock
siag ih in jedem Werbeblock
was meiner kloakarierten Welt
zur Vollkommenheit ois fehlt.

Die führn a Lebn, dös is perfekt.
San glücklich, schlank und stets gepflegt,
genießen ois, was eahna gfallt
und net amal d'Senioren werdn alt –
sie fahrn dank Buerlecithin
mit hundert noch auf der Maschin!

Und so an flotten Lebensstil
kann jeder haben, wenn er will.

Er braucht nur die geborgten Kohlen
von der nächsten Bank abholen,
sich gegn ois versichern lassen
und schon kimmt Dampf in alle Gassen.

Dann san auch wir so guat gelaunt,
habn Zeit für uns und füreinand
und d'Mütter werdn belagfrei lachen
wann sich die Kinder dreckig machen.

Brauchen nur d'Staubsauger einschalten,
weil Pampers Babys trocken halten,
gegen die Grasfleck von der Wiesn
gibts Supertabs vom Weißen Riesen,
derschnauft mans nimmer über d'Stiagn
kann man mit Red Bull Flügel kriagn,
mit Haftpulver von Kukident
kannst Nuß aufbeißen mit dö Zähn't
und weil mit Wunderpilln sogar
die Spannkraft wachst für Haut und Haar –
is jetzt mein Lebn so richtig schön,
seit ih mih endlich selbst verwöhn!

Sparn und arbeitn macht dumm!

Ih bin gscheit, drum steig ih um,
werd mih dem Konsum hingeben
und sag Ade, mei patscherts Leben!

Der Jackpotknödeltopf

Wann die Lottokugeln falln
und ih hab lauter falsche Zahln
pack ih selbst das Glück beim Schopf.

Der Jackpot is mei Knödeltopf –
der Glückstrichter mei Fleischmaschin
und die Masse, der Gewinn
wird abgeschmeckt und guat verrührt
und eingschlagn, wanns im Glückstopf siad.

Am Mittagstisch sitzen die Sieger,
denn von die hungrign Knödeltiger
die's gern deftig mögn und würzig –
ist jeder sechs aus fünfundvierzig.

Ländliches Selbstbewußtsein

Beurteilt man die Leut am Land
nach Sympathie und Hausverstand –
kimmt da Bauer in die Stadt,
is guat, wann er an Titel hat.

So wia da Sepp aus der Provinz,
dem in der Landeshauptstadt Linz
ein paar sehr erlauchte Herrn
an ihrem Tisch an Platz verwehrn.

Der erste macht glei a Getua
er wär geadelt von und zua,
der zweite sagt zu ihm er wär
vom Club der Chaine de Rottiseur,
der nächste nennt sich in der Creme
Ritter vom Grab Jerusalem
und oana is sogar Konsul.

Darauf nimmt sich der Sepp an Stuhl,
sitzt sich dazua und sagt: Na und?
Ich bin Kassier vom Bauernbund!

Der zweite Bildungsweg

Der Bua hat s'erste Zeugnis kriagt
auf dem man lauter Fünfer siagt.
Sei Muatta, die is voll entsetzt
und schreit ihn an: Was tuan ma jetzt?
Wann du so faul bist und so dumm
schaffst später nia a Studium!

Macht nix, fallt ihr der Bua ins Wort.
Dann tua ih, wia da Vater tuat
der in an Abendkurs beim Wirt
oill Tag Bierologie studiert!

Da brauchst koa Uni und koa Hirn.
Denn wann ma beide fest trainiern
werdn mei Vater und sei Bua
Doktor der Doppelliteratur!

EU – auf österreichisch

Is unser Land in all den Jahrn
als vielgerühmt besungen wordn
so is vom Ruhm nimma viel z'hörn,
seit wir zu Europa ghörn.

Koa Wunder, daß uns sowas kränkt,
habn wir uns doch schließlich denkt
daß z'Brüssel stolz und dankbar san,
wann d'Österreicher ah mittan.

Stattdessen is eah unser Land
wurscht, wann net gar unbekannt.

Ja, d'Österreicher! Kann man hörn,
mit was wollts uns denn ihr ernährn?
Mit euere paar Küah und Kaiberl
habts am Europamarkt koa Leiberl,
ös Blumengschirrlbauern ös!
Gehts dahoam auf d'Riada Mess,
dungts fleißig euern Mist und Adl
und singts im Musikantenstadl!

Guat, daß mit uns französisch redn.
Denn wanns uns dös auf deutsch gsagt hättn,
hätt man den Bund mit eahna gmieden.

Dafür san unsre Küah sehr zfrieden.
Sie derfn nämlich pensioniern,
weils d'Milch von Holland einaführn,
und habn sich s'Kaiblkriagn derspart,
weil eh auf unser Zeug neamd wart.

Dö habn wahrlich koan Grund zum Trauern.
Ganz im Gegnsatz zu die Bauern
die für ihr Jawort bitter büaßn:

Weils Gras jetzt selber fressn müassn!

Modische Entfaltung

Wer heut an Spaziergang macht
und dabei die Leut betracht –
muaß blind sein, wann er net erkennt,
der Knitterlook liegt stark im Trend.

Bei dö Blusen kimmt da für,
als wärns vernudelts Seidenpapier,
die Hosen hängen auf den Herrn
als wenns schon zehnmal Stiagn grutscht wärn.
Röcke wacheln um die Wadl
als wärns scho einzwickt gwen im Radl
und Insider tragn a Jackett
als wärns grad aufgstandn vom Bett.

San Falten auch der letzte Schrei –
ih trag zur Zeit noch bügelfrei
und wart, bis daß sie's auf der Stirn
zur Mode der Saison kreiern.

Dann könnt ih nämlich 100 werdn,
und wär noch immer hochmodern!

Models

Wenn sich Mannerleut beschwern
daß Frauen immer dicker wern,
müassatns amal die Models sehn,
die heut übern Laufsteg gehn.

Die habn Figuren! Teufi eini!
Wo oans zwoa kriagt für die Seine.

Aber was tuat er schon mit zwoa,
sie habn ja netta Haut und Boa
und rundum koan Deka Speck.
Da holt sich jeder blaue Fleck
wann er's zuabadruckt beim Schmusn.
Denn da is weder in der Blusn
noch weiter unt was Knackigs zfindn.
die san vorn so platt wia hintn.

Drum habns auch so an leichten Gang
gegn unseroans, dös von der Stang
kauft und umananderrennt
und ausschaut wia a Sack Zement.

Wia vornehm dagegn Models gehen,
die nur trippeln auf den Zehen
und wippen mit den Hüftgelenken
die sie nach allen Seiten schwenken.

Dös haut die altn Daddln um,
die drinsitzn im Publikum
und den schönsten aller Frauen
am Laufsteg untern Kittl schauen.

Braucht auch a solche kaum was z'essen,
als Ehefrau kannst sie vergessn!

Gehst mit ihr amal spaziern –
braucht sie zwoa Stund zum Restauriern,
und spielt sie endlich alle Farbn
gehn die andern längst schon hoam.

Auch Kinderkriagn und Bodenschrubbn
is nix für die Barbiepuppen
in der teuren Haute Couture.

Wia hats mein Mann da guat bei mir!
Mei Qualität is unerreicht.
Ih bin natürlich, pflegeleicht
und hilf ihm sparn beim Haushaltsgeld.
Denn statt Dior und Lagerfeld
bestell ih mir hie und da an Rock
ausn Quelle-Katalog!

Die Autophilosophie

Kann uns im Tier und Pflanzenleben
Verhaltensforschung Aufschluß geben
merkt man des Menschen Wesensart
wia er mit sein Auto fahrt.

Die stolzesten der Wagenbenützer
san frische Führerscheinbesitzer.
Schon beim Einsteign in die Schüssel
schepperns laut mitn Autoschlüssel
und wanns beim Schalten ah nu kracht –
am liabstn fahrn sie Tag und Nacht.

Typen, die gern imponiern,
müassn ihr Fahrzeug auffrisiern
und glaubn in ihrer Euphorie
daß niemand so guat fahrt wia sie.
Die rechte Hand genügt, wanns lenkt,
die linke wird durchs Fenster ghängt –
blasens dahin mit an Karacho
bis d'Nadel ansteht aufm Tacho.

Muaßt dich vor Draufgängern verstecken
kreuln d'Sonntagsfahrer wia de Schnecken,
die man schon riacht am Auspuffgstank,
denn sie fahrn nia mitn vierten Gang
sondern Vollgas mit der dritten
meistens in der Fahrbahnmittn.

Reiche Leut und die's gern wärn
habn auf der Kühlerhaubn an Stern.
Aber net nur Firmenbosse
lenken a vornehme Karosse,
auch Beschützer flotter Bienen
die mit der Liebe s'Geld verdienen
brauchen die halbe Straßenseiten
wenn sies zum Arbeitsplatz begleiten.

Auch Häuselbauer, Heimwerker
kannst dir im Verkehr guat merka,
weil sie beladn san mit Garnischn,
Radltruhen, Bänk und Tischen
und meistens in ihrn Kofferraum
die Gummistiefel einzwickt habn.

Leut, die gern reisen und campiern
gleich dös halbe Haus mitführn
und Abenteurer san bepackt
als wärns am Weg zur Großwildjagd.

Weils offenbar wird im Verkehr,
wia da Mensch is und gerne wär
und koan was angeht, wia ih bin –
verleg mih ih auf d'Fuaßmaschin.
Dös hab ih aber schon bereut –
jetzt nennen mich nämlich die Leut
an Außenseiter und an Narrn,
der z'deppert is zum Autofahrn.

Das Wandern is des Mülles Lust

Hats auch schon zu früherer Zeit
Sammler gebn unter die Leut,
is heut von derer Leidenschaft
die ganze Nation behaft.

Doch im Gegensatz zu den Alten
die gsammelt habn, um zu erhalten
wird sich um unser Zeug neamd reißn,
denn mia sammeln, um weggazschmeißn.

Dös Hobby is bei Gott koa Schand.
Im Gegenteil, da bist anerkannt
denn so a neuer Sammler kann
net oafach Kraut und Ruabn zammhaun.
Wannst in d'Chemie net eingweiht bist
bleibst glatt sitzn auf dein Mist.

Nur wer sei Glumpat guat studiert
woaß, wanns Treibgas explodiert,
was baut d'Natur von selber ab
was liegt in hundert Jahr nu da,
was kann dir s'Grundwasser verseuchen,
was tuast mitn Lack vom Fensterstreichen,
wia muaßt die Biotonne füttern
ohne daß d'Mäus und d'Ratzn wittern,
was derfäult und was verbrennt.
Du muaßt ois wissn, wia mans trennt.

Koa Wursthaut, koa Schokladpapierl
wandert mehr durchs Ofentürl
so wenig wia a Tageszeitung.
Ois fordert seine Aufbereitung.
Wannst ois beachtst, begegnets dir
recyclet noch als Klopapier.
Kannst es ah auf derer Fährtn
koa drittesmal wiederverwerten
hast doch dei Mission erkannt,
denn der Erfolg liegt auf der Hand.

Drum is mei Kauflust neu erwacht,
weil man ja eh aus olln was macht:

Aus dö Dosen von mein Bier
wird a neiche Autotür,
Kochrezepte, die nix werden
verwandeln sich in Blumenerdn
und aus Colaplastikflaschn –
ohne Gwind und sauber gwaschn –
spinnt man Fasern zu an Flies
aus dem mei Jogginganzug is!

Netta mitn Sondermüll
gibts a Problem, weil den neamd will.
Bei dem siag ih mir aber load.
Weil ma ihn spazierenfahrt
und weil unseroans derfäult
und er bleibt bis in Ewigkeit.

In Gottes Namen der Partei

Am Sonntag nach den großen Wahln
hat der Herr Pfarrer seinen Gfalln
am Kirchenplatz die Leut anz'redn
ob sie auch richtig abgstimmt hättn.

A Weiberl kimmt ihm auch in d'Quer.
Sie siagt vor Blindheit fast nix mehr,
weshalb er gleich die Frage stellt:
Na, Muattal, hast eh richtig gwählt?
Und würdig die Partei vertreten
die vereinbar is mitn Betn?

Wohl, sagt dös Muattal drauf und lacht,
ih hab schon s'Kreuzl richtig gmacht
als katholische Person –
bei der Partei „Kommunion"!

Die vernetzte Einsamkeit

Im zehnstöckigen Siedlungsbau
hat sich a betagte Frau
in ihrer Wohnung letzte Wochen
an Oberschenkel zwoamal brochn.

Sie hat zwar gschrian, so laut's nur geht,
aber ihr Nachbar rührt sich net
weil er auf sein Computer grad
mit an Japaner Schach gspielt hat.

Die Tageszeitung hat dös gschriebn
und mih zu dem Gedanken triebn –
die Zeit is gar nimmer so fern,
daß Türn auf Bildschirm umtauscht werdn…

Der Traumgartenprospekt

Wanns erste Frühlingslüfterl waht,
wo man in d'Erdn Samen straht
und liebevoll die Zwieberl steckt,
kimmt meist der Traumgartenprospekt.

Mih frißt da jedesmal der Neid,
wia am Papier ois schön gedeiht,
daß ih net zammkimm mitn Schaun
was ih dahoam für Glumpat haun.

Die Erdbeern san so dick und fett,
daß kaum der Katalog zuageht.

Gurken und Krautköpf siagst danebn,
da brauchst zwoa Leut, daß sie's derhebn,

Und für d'Erdäpfel, ohne liagn,
a Seilwindn zum Aussaziagn!

Doch was is dös schon gegn die Seiten
mit den Blütenweltneuheiten,
wo ih mir fast die Zung abbrich
wann ih ihren Nam aussprich:
Convolvulus sabatias
hoaßt so a arrogante Rass!
Die müasstn in mein Garten steh
da tät eahna s'Latein vergeh!

Da wachsen nämlich Kraut und Ruam
noch in von Gott gewollter Form
und Bleamal, ungeschminkt und keck…
Bis d'Nachbarshenn und der Herr Schneck
kimmt und eahna Gesellschaft leist
und hinterher an Kopf abbeißt.

Ja, da waht noch a andrer Wind.
Und trotzdem is von vorn bis hint
im neuen Traumgartenprospekt
a große Lebensweisheit versteckt.

Denn um manches is heut oft a Griß,
nur weil s'Papier geduldig is!

Das doppelte Einzelpaar

Der Franzi is heut voll im Streß.
Es läut' schon zamm zur Sonntagsmess
und er als Oberministrant
steht nu dahoam im Nachtgewand.

Er ziagt schnell an, was er grad findt
und rennt in d'Kirchn wia da Wind.

Zum Einzug kimmt er grad nu zrecht,
da sagt der Mesner: Siag ih schlecht?
Sapperlot, du Luadabua,
du tragst ja zwoa verschiedne Schuah!
Ih werd doch meinen Augen traun,
oana is schwarz und oana braun.
Sowas gibts doch koa zweites Mal!

Pah – von wegen Einzelfall!
Sagt der Bua, is gar net wahr,
ih hab dahoam nu so a Paar!

Urlaub in der Doppelpackung

Familie Krause von der Spree
kimmt s'erste Mal am Attersee
und während sie die Koffer schleppt –
an Sonnenuntergang erlebt
und sprachlos is vor lauter Schau'n,
geht er zum Wirt und sauft sich an.

Er trinkt a Bier, a Stamperl Korn,
dann fangt er wieder an von vorn,
bis er an Kopf nimmer derhalt
und untern Sessel obifallt.
Der Wirt sagt: Na, mein lieber Herr,
ihnen gefällts wohl hier nicht sehr?
Haben sie vielleicht Langeweil?

Nee! Moant der Gast, im Gegenteil!
Hier ist es traumhaft und deswejen
will ick alles doppelt sejen!

(Warnung bei anhaltender Dürre)
Liebe Sonne!

Verzeih, aber ih muaß da schreibn.
Du neigst heuer zum Übertreibn.

Willst uns denn ganz und gar verbrenna?
Mir san doch koane Italiener
die über dih recht glücklich san
weils an ganzn Tag nix tan!

Heuer bringst uns ah so weit
daß uns d'Arbeit nimmer gfreit.

Wir lassn uns ja eh was gfalln,
aber wochenlang nur strahln
samma net gwöhnt im Alpenland.
Ois spannt uns schon vom Sonnenbrand
und s'Spritzn is ganz umasinst
wannst jetzt net bald amal verschwindst.

San dir schon die Bauern wurscht,
denk wenigstens an unsern Durst
und bleib halt ab und zua ah drin –
weil ih sunst selbst a Wolkn bin
und finden wirst mih nirgendwo.
Weil ih ziag zu die Eskimo
wo ih mih von dir erhol.

Überleg dir's – und – leb wohl!

Die verblödete Gscheitheit

Wer des Menschen Sein und Werden
a wenig zruckverfolgt auf Erden
muaß feststelln, daß zu koana Zeit
die Leut so gscheit warn als wia heut.

Sie erfinden heut Maschinen
auf die auch Trotteln rechnen kinnen,
Apparate kinnans baun
wo wir statt reden nur mehr schaun
und habn das EDV erdacht,
dös stattn Hirn die Arbeit macht.

So genial san heut die Leut
und dös wär schon a Grund zur Freud,
wann net a jeds von dem Gerät
a unerwünschte Wirkung hätt:

S'Reden samma nimma gwöhnt
weil jeden Abend s'Fernsehn rennt,
beim Schreiben mach ma lauter Haxn
weil wir neuerdings ois faxn
und s'Rechnen kinnan ma so weng
wia oana aus der Eselbänk –
denn zum 1 und 1 = zwei
schalt ma an Taschanrechner ei.

Ih mecht nie zu denen ghörn,
die Opfer ihrer Technik werdn!
Ih bin und bleib a Denkgenie
und auch im Rechnen wird mih nia
jemals oana von euch schlagn.

Wanns wollts, kinnts mein Computer fragn!

Höchste Zeit zum Wettermachen

Hallo, Petrus, gibts dich noch?
Schau aussa durch dei Himmelsloch
und mach endlich a gscheits Weda.
Bei uns herunt wirds ollwei bleda.

Im Jänner blüahn die Schlüsselbleamal,
da sitzt heraußt mit kurze Ärmel,
am 1. Mai und sogar später
machts Schnee ums Haus, an halben Meter
und nach drei Wochen Hitz im Summa
is der Zauber wieder umma.

Schick uns net ois, so wias dih gfreit
und halt dich an die Jahreszeit.

Solln denn dös noch Winter sein?
Jeds Jahr rost uns der Schilift ein,
die Feste, die ins Wasser falln
bringen uns in rote Zahlen
und von Touristen werdn ma gmiedn
die fliagn nur mehr in den Süden.

Für was hast denn an Heiligenschein
wannst uns nur fuxt, jahraus jahrein.

Sowas nennt sich Wettergott,
dei Leistung is der reinste Spott
und bald für uns a Scheidungsgrund.

Spiel dich mit den Schlüsselbund
tua eifrig s'Himmelstor bewachen
und reiß dih zamm beim Wettermachen!

Ö3-Disco

Im Nachbarsdorf, in an kloan Nest
is a Ö3-Discofest,
da kannst net oafach so hingeh –
da brauchst a Hosn von Replay,
a Diesel- oder Levisshirt
und a Kappl, sonst bist gstört.

Und s'Baujahr muaß natürlich stimma.
Als Rentner brauchens dich da nimma,
da streichens dich von ihrer Listn,
da ghörst in Mutters Schlummerkistn!
Dös nehmen solche Fans ganz cool.
Sie gehn nämlich noch in d'Schul
und schaust a weng genauer hin,
habn a paar noch Pampers drin.

Daß sie net glei in d'Hosen machn
wann 1000 Watt in d'Boxn krachn
im Hardrock und im Tekknosound.
Net so wia im Alpenland
wo's beim Walzer Handerl haltn.
Sowas is doof, dös toan dö Altn.

Dort braucht dih neamd am Handerl führn,
da muaß da Bass im Magn fibriern
und im Hirn beutelts ois zamm –
vorausgesetzt, daß sie oans ham.
Denn s'Tanzn is da net da Brauch,
man hupft im Nebel bis zum Bauch
wo sich keine Laus drum schert
wer zu welchem Typen ghört.

Da muaßt dabei sein. Sunst bist out.
Ih hab mirs auch amal angschaut
um endlich richtig auszuflippn.
Doch was sagn die gschocktn Typn?
High, Muattal, da liegst falsch, verduft dih,
du ghörst längst zu dö Obergrufti.
Beim Discofest bist ganz verkehrt
für dich spielns was im Wunschkonzert!

Der Möbelspaß zum Selbermachen

Weil mei Kleiderschrank schon bald
vom Holzwurm auseinanderfallt
fahr ih ins nächste Möbelhaus
und suach mir dort an neichn aus.

Im Gegensatz zu früherer Zeit
is sowas heut a Kloanigkeit.

Du kaufst heut so a Möbelstück
ganz nebnbei wia a Packerl Tschick,
bringst es hoam im Kombiwagn
und hilft dir wer beim Einitragn
stellt es auf sein Platzerl hin
und auf d'Nacht is s'Gwand schon drin.

So gehts. Weils im Prospekt drin steht.
Und drum schau ih ah so bled
wias ma zu mein Kassazettel
an Karton hinlegn mit Brettl
an Sack mit Holzdübeln und Schraubn,
und a Foto, daß d'Leut glaubn
daß dös, was drin is, endmontiert
später amal a Kasten wird.

Jetzt brauchst nebn starkem Gottvertraun
an Bastler, der auch Sprachen kann,
weil die Erklärungen zum Plan
meist koreanisch gschriebn san.

Die Zeichnung gleicht an Labyrinth
wo man vorn und hint net findt
und bis die Fundamente stehn
hast Heimwerker schon woana gsehn.

Doch wia für ois a Lösung reift
bevor man zum Revolver greift,
hat nach stundenlangem Kummer
auch mei Schrank a Gstalt angnumma.

Er bleibt sogar alloanig stehn!

Wind soll zwar möglichst koana gehn
weil die Scharnier in die vier Ecken
net im rechten Winkel stecken,
aber unterm Stiegenhaus
kann er ja sowieso net aus.

Ja, selbstabholn macht kreativ!
Is s'erste Mal auch nu ois schief –
dös nächste Luxusschrankmodell
bau ih wia a Tischlergsell
und üb schon wochenlang bevor
auf mein Buam sein Matador!

Hausbär gesucht

Wann man so in die Szene schaut –
Softies und Machos san längst out.
Was die Frauen heute lieben
san die bärenstarken Typen.

Um die Bezeichnung zu erklärn:
Es geht da um koan Teddybärn
mit Knopfaugn und Kuschelfell
und an Bauch voll Sägemehl,
der jedsmal laut zu brummen pflegt,
wann man ihn am Rücken legt!
Auch der Verdacht beweist sich net,
daß es um Gummibärchen geht,
sondern um Männer, die sich heut
stark machen für d'Hausarbeit.

Dös bisher unbekannte Wesen
schwingt selbstbewußt den Küchenbesen
und hat das Staubtuach fest im Griff.
Wer ihn bedauert, der liegt schief,
denn er bewältigt ois im Spieln
wo Frauen sich überfordert fühln!

Dös is dös, was ih lang schon suach.
Doch weder in an Bilderbuach
noch in der Praxis hab ih'n gfundn.
Da hat mir wer an Bärn aufbundn!

Das rechte Wort am falschen Ort

Sagt man unsrer deutschen Sprach
auch klare Ausdrucksweise nach –
da und dort steht a kloans Wort
ganz und gar am falschen Ort.

So hab ih's heut nu net kapiert,
warum a Arzt, der operiert
und Fachmann der Organe ist –
Chirurg hoaßt und net Organist!

FVF (Fliegenverhaltensforschung)

Kann man die Menschen meist von Weitn
an den Geschlechtern unterscheiden –
hast bei dö Viecher oft a Gwiaxt
daß'd den kloan Unterschied dasiagst.

Brauchst nur bei dö Fliagn schau'
die fliagn dir hundertmal davon
möchst sie amal nach unten drahn
obs Mandl oder Weibl san.

Jetzt wiss ma durch die Forschung mehr
wer a Sie is oder a Er,
weil es das Weiberl, wanns wo fliagt
ständig zum Spiegl zuabiziagt.
Die Fliegenmandl tuan dös nia,
die schwimmen in an Glasl Bier!

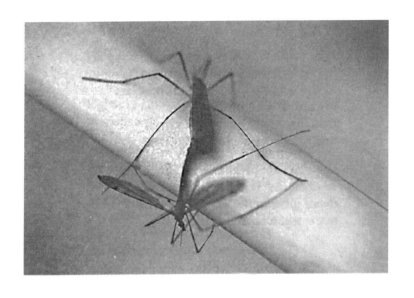

Die Wirts-Haustiere

Im Wirtshaus bei der Post is heut
der Stammtisch voller Mannerleut
und wann man hinhört, gehts genau
so zua wia auf a Kleintierschau.

Mei, is dös a fesche Katz!
Springt glei oana auf vom Platz.
Andre schrein wieder: Da flippst aus
bei a so a süaßn Maus!
Und die Ältern schaun nur groß
und schwärmen: So a liaba Has!

Die oan sagn: Ah! Die andern: Oh!
Als hätt der Wirt an Streichelzoo
dabei gibts in der Gaststubn drin
nix – wia a neiche Kellnerin!

Die Preissturzgefahr

Wann sich so mancher drüber kränkt,
weils niemand gibt, der ihm was schenkt,
war er nu net beim Schlußverkauf.
Da gehn ihm nämlich d'Augen auf.

Da gehts zua wia bei a Schlacht
wann d'Preise purzeln über d'Nacht.

Dabei is „purzeln" von dö Preise
ja noch a feine Ausdrucksweise:

Der oane zdruckt sie wia an Schwamm,
der andre hauts mitn Hammer zamm,
beim dritten stehn sie total Kopf
und mancher schüttelts in an Topf
wo er sie zum Brei zammrührt
und damit die Leut anschmiert.
Falln zwenig Opfer darauf eina,
werdn die Preise nochmals kleiner
und der da ah nu net anbeißt
droht man, daß ma eahms nacheschmeißt.

Beim Gwand kunnt s'nachschleudern ja geh –
weil dös is woach, da tuats net weh!
Bei Möbeln hats da schon a Eck,
da kriagt ma lauter blaue Fleck –
drum renn ih, was ih renna kann
wanns mir an Werkzeug nachehaun.

Sollts also mih beim Schlußverkauf
wo liegn sehn, dann hebts mih auf
und führts mih hoam im Einkaufswagn.

Denn dann hat mih da Preis derschlagn!

Wie im Himmel so auf Erden

A leichtes Mädchen aus der Stadt,
dös d'Liebe zum Beruf ghabt hat
is nach ihrm Tod im Himmel glandt.
Der Petrus is net schlecht erstaunt,
denn solche Leut, da gibts koan Zweifel,
holt normalerweis der Teufel.

Er machts daher drauf aufmerksam
daß' kaum noch Fensterplätze habn
im Paradies zur ewgen Ruah
und weist ihm s'Besenkammerl zua.

Da sagt aber dös Fräulein: Nein!
Ih will bei meinen Kunden sein
die mich auf der Erde liebten.
Und die erwarten mich im siebten!

Die neue Insel der Seligen

Weil heut die Leut so selig wern
wanns was von a Insel hörn
hat man auch auf unsre Straßen
endlich welche einbaun lassen.

Net solche wia am blauen Meer!
Sondern Inseln – im Verkehr
mit Richtpfeil und Begrenzungspflöck.

Da kimmt im Gegnverkehr a Schneck
und denkt sich voller Schadenfreud:

Recht gschiahts eahna, in dö Leut!
Wärns längst in unserm Tempo gfahrn
wärns eh net reif für d'Insel wordn!

A Liadl und a Musi

ghört überall dazua.

Der oane mechts in Moll hörn,
der andere in Dur,
man brauchts, wann ma was feiert
und froh sei Glasl hebt
und wann ma als Verliabta
im siebten Himmel schwebt.

Auf d'Nacht braucht mans am Tanzbodn
daß oan die Füaß ausreißt
und z'Mittag zu dö Knödl
damit ma vornehm speist.

Zum Aufstehn machts dih munter
zum Bettgehn machts dih müad,
drum spielts auch in da Kirchn
daß koana schlafat wird.

Im Bierzelt ghörts zum Schunkeln
im Dorf ghörts zu dö Bräuch
und hört mans aufn Friedhof
is meist a schene Leich.

So klingts durchs ganze Leben
und jeder sagt, der's gspürt:

Es kann nix Schöners gebn
als d'Musi und a Liad!

Die Lebensweise

Dös ganze Leben is Musik
dös beginnt als Solostück
bis man sich in Marsch bewegt
und Harmonie im Duo pflegt.

Viel schneller, als mans oft gern hätt
wird die Romanze zum Terzett
und manchen wird erst später klar
daß nur a Intermezzo war,
dös im Lebenspotpourri
zerst ausschaut wia a Sinfonie.

Für viele aber is zum Glück
das Leben noch Charakterstück,
das mit a Ouvertüre einleitet
und zu an Hymnus übergleitet.

Gibt auch dazwischen mancher Tag
der Fantasie an Paukenschlag,
es führt gewiß zu a Legende –
wann vom Anfang bis zum Ende –
egal, was s'Schicksal komponiert,
der Takt des Herzens dirigiert.

Logische Zeitnehmung

A Augenblick, a Stund, a Tag,
wia schnell wird draus a Jahr,
und eh mans denkt, im Handumdrehn
is alt und wieder gar.

Die Zukunft wird zur Gegenwart,
das Morgen wird zum Heut
und s'Gestern is bereits am Weg
zur guatn alten Zeit.

Doch wann der Zoaga noch so rennt
der unser Lebn bestimmt –
der Mensch besiegt ihn mit der Zeit
die er sich selber nimmt.

Die Schnellstraße des Lebens

Das Lebn is wia die Autobahn,
das Tempo is die Zeit,
das Gaspedal vollziagt den Wahn
mit der Geschwindigkeit.

Die Überholspur is die Eile
die Gegenfahrbahn die Hast,
der Pannenstreifen is die Weile
für die dich s'Glück verlaßt.

Das Tröstlichste jedoch san Strecken
im Baustellenbereich –
denn vorm lieben Gott und in an Stau
san alle Menschen gleich!

Die Zeit is das Leben

Die Zeit is das Leben,
das Geschenk zur Geburt,
und je älter man wird
umso gschwinda rennts furt.

Als tät ihr der Atem
die Flügel verleihn
jagt sie Kommen und Gehn
und bringt Werden zum Sein.

Die Zeit is das Leben
und leben hoaßt verstehn –
jeder Tag is zu kostbar
um verloren zu gehn.

Frühlingserwachen
im Altweibersumma

Der Herbst is da, die Blattln falln
und in den letzten Sonnenstrahln
sitzt der Hans seiner Marie
auf der Sitzbänk vis-a-vis.

In über vierzig Ehejahrn
is er a alter Brummbär worn
doch heut sagt er zu seiner Altn:
Man siagt, du hast dih net schlecht ghaltn –
zeitweis erinnerst mih sogar
an a bestimmte Zeit im Jahr.

Sie is ganz außer sich vor Freud
und glaubt, er moant die Frühlingszeit,
er aber sagt zu ihrem Kummer:
Ih denk mehr am Altweibersumma!

Der Bauernstand

Der Bauernstand in unsrer Zeit
steht hoch im Ansehn bei dö Leut,
die anders sein wolln als die andern
und von der Stadt aufs Land auswandern.

Diejenign, die die Umwelt schützen,
wolln so a Bauernhaus benützen,
sich wie vor fünfzig Jahr versorgn
und hausn, nur von heut auf morgn.

Die andern habn vom Wohlstand gnua
und wolln zurück zu der Natur.

A Landhaus mit an Fleckerl Grund
wo man schon zur Morgenstund
im frischen Tau kann barfuaß laufn,
wollns zur Pensionierung kaufen
und sich nach Bauernart ernährn
von Kräuter und Getreidekern
wo's glaubn, daß s'hundert Jahr alt werdn.

Und dann gibts nu die Sommergäst,
die ma oafach redn läßt,
wanns sagn, es tat eah bei uns gfalln,
und d'Bauern müaßtn fast was zahln,
daß sie in derer schön Natur
arbeiten derfn in Feld und Flur.

Na, a Grundstück und a Bauernhaus
macht nu lang koan Bauern aus:

Das Ererbte zu erhaltn,
erfolgreich wirtschaftn, verwaltn,
net nach der Uhr, mitn Wetter lebn,
Traditionsbewußtsein gebn,
unter freiem Himml d'Werkstatt habn
und die Ernte betrachtn als Gottesgabn.

Is ah die Arbeit amal mehr,
so bin ih doch mei eigner Herr
und ih tat wieder Bäurin werdn
und mechts ah meine Kinder lehrn:

Der Segn von obn und die Bauernhand
erhalt dös ganze Vaterland!

Wann da Summa sö pfiat

Wann da Summa sö pfiat
laß an Herbst in dei Gmüat
seine Blattl aus Gold einilegn.
Tua net trauern ums Blüahn,
wirst es bald schon verspürn
daß a Zeit kimmt, die reich is an Segn.

Wann die Apferl wia gmaln
von die Bam obafalln
und da Troadbodn sich biagt von dö Garbn,
wann da Bua ganz verruckt
an dei Wangerl sö druckt
is auf d'Nacht scho am schenstn dahoam.

Wann da Summa sö pfiat
dann halt ein mit dein Schriatt,
nimm dir Zeit stattn hastn und strebn.
Denn dös Jahr rennt vorbei
werden die Bleamal zu Heu
und auf oanmal is Herbst in dein Lebn.

Zum Ende eines Tages

Der erste Tag vom Rest des Lebens
neigt sich seinem Ende zua,
manchmal kimmt er auf leisn Sohlen
manchmal mit laute, schwere Schuah.

Er schenkt uns Stunden voller Wunder,
er laßt uns d'Welt mit Augen sehn,
wo wir nur mehr den oan Wunsch habn,
die Zeit bleibat für ollweil stehn.

Manchmal laßt er uns Flügel wachsen
und vor Glück wirst fast verruckt
und hie und da ziagt er a Furchn
so tiaf, daß beinah s'Herz abdruckt.

Der erste Tag vom Rest des Lebens
is bald wieder Vergangenheit,
und koa Mensch lebt ihn vergebens
wann er sich auf den nächsten gfreit.

Meditation aus dem Alpenländischen Requiem
Die Spuren des Lebens

Herr, wann ih zruckschau auf den Weg
von meiner Erdenzeit,
so siag ih nebn die eignen Spurn
die, wo du mih begleit.

Sie san nebn mir in Freud und Load
ih siag sie wia im Tram,
beim allerersten Gehversuach,
bei jedem Purzelbam,
beim Schulgeh, in der Jugendzeit
sans mir wahrhaftig nah,
da hab ih, Herr, wia war ih dumm
oft tan, als wärns net da.

Ob mih mei Weg durchs laute Treibn
oder durch d'Oaschicht führt –
in der Fremd, wia ah dahoam
begleitet mih dei Schriatt.

Da fallt mei Blick auf jene Jahr,
die zu dö Schwersten ghern.
Und plötzlich san nur oanmal Spurn
zum segn auf da Erdn.

Herr, verzeih, daß ih dih frag,
doch sag, was dös bedeut?,
daß'd mih alloane glassen hast
in meiner schwersten Zeit?

Durchs ganze Lebn hast mih gführt
beschützt von fruah bis spat,
grad am steilsten Stückerl Weg
hätt ih dih nötig ghat.

Mein liebes Kind, so spricht der Herr,
die Spuren sind nur Schein.
Ich liebe dich und nie und nimmer
ließ ich dich allein.
Ich bin dir nahe bis ans End
an allen deinen Tagen
und wo du eine Spur nur siehst –
da hab ich dich getragen.

Es is koa Zeit wia sunst im Jahr

Es is koa Zeit wia sunst im Jahr

Es is koa Zeit wia sunst im Jahr
wer kunnt dös net verspürn.
Wanns draußt und drinn so hoamlich wird
da muaß sich bald was rührn.
Im Haus, da hagelts Mandelkern
und Pfeffernüß tuats schneibn –
so schen wia in da Weihnachtszeit
kunnt s'Wetter ollwei bleibn.

Ja, sapperlot, d'Frau Holle kimmt
auf die is halt Verlaß.
Die Flocken fliagn vom Himmelszelt
wia Schneuztüachln so groß.
Da Vater raucht sich s'Pfeiferl an
auf seiner Ofnbänk
und kann vom frischen Branntweinschnaps
sogar die Engerl segn!

Es is koa Zeit wia sunst im Jahr,
es muaß was Bsonders sei;
die Kinder habn a Briafal gschriebn
a ganze Litanei.
Die Himmelspost hat Hochbetrieb
und d'Muatta noch viel mehr –
doch was war unser ganzes Leben,
wann d'Weihnachtszeit net wär!

Weihnachtsgedanken

Vor beinah zwoatausend Jahrn
is z'Bethlehem a Kind geborn
dös nach dem Glaubn der Christenheit
den Menschen Frieden bringt und Freud.

So stehts in der Botschaft drin.
Doch wia genau hörn wir noch hin?

San net grad in diesen Zeiten
die Bäuche voll mit Köstlichkeiten?
Die Augen blind vom Glitzern wordn
und wochenlang schon unsre Ohrn
mit der Weihnachtsmusi voll,
die uns zum Kaufen anregn soll?

A Kind hat uns den Frieden bracht –
doch heut wia in derselbign Nacht
falln die Türn zur Herberg zua
und in an Briafal steckt a Schnur –
mit Rassenhaß und Sprengstoff gfüllt –
der Liebe mit Gewalt vergilt.

Dieselbe Welt – a andre Zeit.
Teure G'schenke – Einsamkeit,
koa Inhalt – nur a Drumherum,
Massenflucht in den Konsum.

Daß olle Menschen Brüder werdn,
schickt Gott sein eignen Sohn zur Erdn,
dös is der Sinn der Weihnachtszeit.

Mitnanda lebn in Load und Freid
und in sein Nächsten s'Christkind segn.

So oanfach kunnt a Wunder gschegn…

Kimmt bald die Weihnacht

Kimmt bald die Weihnacht
das Jahr tuat sich neign,
tanzen die Flocken
vorm Fenster ihrn Reign.
San die Bleamal längst fort
müassn rastn vom Blüahn
und die Kinder werdn still
wanns klopft an die Türn.

Net so viel hastn
a bisserl mehr gfrein,
tuats liaba mehr rastn
und öfter verzeihn!
Es is Zeit, höchste Zeit
auf die Botschaft zu hörn,
und für den, der's vernimmt
kanns Weihnachten werdn.

Die vor(h)eilige Zeit

Man redt schon vom Winter und siagt nu koan Schnee,
man suacht nach an Christbam und laßt ihn noch steh,
man findt koane Kekserl, obwohl mans schon schmeckt,
der Briafträger bringt a halbs Kilo Prospekt.
Die Wünsche der Kinder werdn jeden Tag mehr,
die Straßen ersticken im Einkaufsverkehr,
in die Schaufenster hängen Girlanden und Kranz
und die Firmen erstelln schon die Jahresbilanz.

Irgendwas is da, auch wann mans verdrängt,
und weil am Kalender noch der November hängt,
hab ih an Verdacht… und ih glaub, daß er stimmt:

Daß s'Christkindl heuer als Frühgeburt kimmt!

Übers Christbaum hoambringen

Bald ists wiederum so weit,
daß in seiner Herrlichkeit
der Christbaum steht im Lichterschein.
Und da fallts mir jeds Jahr ein…

Vor a paar Jahr kriagn mia an Bam,
ih hab ihn gsehn, und moan, ih tram:
Halbdürr schon und was noch dös best,
fehln in der Mitt zwoa Reihen Äst!

Mei Mann sagt, mach dir koane Sorgn,
die Äst, was abgehn, kann ih morgn
noch einibohrn – dann geht er schon.
Und hängen gar erst Kugeln dran,
an Baum selbst schaut koa Mensch mehr an,
wann er im Kerzenschein dann leucht.
Für die zwoa Wochn tut ers leicht!

Zwoa Wochen hab ih'n gar net glitten,
und daß ih'n grett, an Weihnachtsfriedn,
hab ih dös Bamal net angschaut
und schon z'Stephani aussighaut.

Weil glei drauf dös nächste Jahr
a strenger Winter angsagt war,
hätt ih von mein Mann gern wolln,
er soll rechtzeitig oan holn.
Daß er abtaut is, rundum,
wann er einikimmt in d'Stubn.

Er hört net drauf, und tuat mir's z'Fleiß
und bringt ihn hoam, voll Schnee und Eis!

In Stall habn ma'n gschwind aussibracht,
daß er obtaut bis auf d'Nacht.

Mittn unterm Rosenkranz,
da verlegts uns d'Luft schon ganz.
An Duft hats in der Stubn dösmal,
grad, als wärn wir draußt im Stall.
Und weil zum Lüften aufgmacht ghört,
hätts uns beim Betn bald derfrert!

Na, dös passiert uns nimmermehr!
Nächsts Jahr muaß er bald gnua her.
Man kann ihn eh dahoam versteckn,
daß ihn die Kinder net entdeckn,
und weil's ois findn und nur fragn,
hab ih'n in Heizraum aussitragn.

Von der vieln Arbeit abgelenkt,
hab ih aufs Bamal nimma denkt.
Wia ih'n zum Aufputzn gholt hätt
war er nur mehr a Skelett!

Die Gschichten, die san wirklich war.
Wir redn davon fast jedes Jahr
und wißts auch, was wir seitdem haum?
Allweil den schönsten Weihnachtsbaum!

Auf Weihnachten zua

Wann ih's ganz nüchtern so betracht,
dann is bis hin zur Heilign Nacht
für uns geplagte Weiberleit
ois andre als die „stillste Zeit"

Dös fangt schon an mitn Keksausstecha:

Backen, zammbicka, mit Löcher,
verziern, mit Marmelade fülln –
tagelang kannst dih da spiel,
und wann ih's net sofort versteck,
is vor dö Feiertag ois weg.

Wann näher die Bescherung kimmt,
wird putzt. Und wia genau mans nimmt!
Wann ois glanzt, hast ah dei Freid,
weilst grad nu fertig wordn bist heut.
Da geht die Tür auf – und die Kinna
lassn herinnen d'Schuach abrinna.

Jetzt is der Heilig Abend da.
Geht auch rundherum nix a(b)
hast koa Zeit ghabt zum Besinnen,
denn die Bescherung soll beginnen.

Mit Liebe deckst den Festtagstisch,
mit verschiedne Würst' und Fisch,
da wird dann gspeist. Und was bleibt mir?
Hinterher a Haufn Geschirr!

Wann dann alls vorm Christbaum kniat,
mecht ih, weil ih bin schon müad
beim Beten a weng Atem holn.
Da schaun die Kinder schon verstohln.
Wann machen sie denn endlich s'Kreuz…
Ja, d'Vorfreud hat an bsondern Reiz.

Jetzt gehts los. Es ist so weit!
Ih hör schon, wia die Kloane schreit:
Mami schau, was ih da kriagt,
zoag ma schnell, wia mans aufziagt!
Da is nu für mih a Sack!
Spielst morgn mit mir den ganzen Tag?
Nähst mir für d'neue Puppn s'Gwand?
Is net mei Auto allerhand?

Ausschaun tuats jetzt in der Stubn!
Da liegn Bandl umadum,
Schachteln, Holzwoll und Papier –
kannst kaum nu eina bei der Tür!

Ih fang glei an und räum ois zamm,
weil ma höchste Zeit für d'Mettn habn.

Am nächsten Tag in aller Früah,
klopft der Besuch schon an der Tür:
Wir san a bisserl früher kumma,
bring ma d'Feiertag leichter umma…
Wißt's, was ma gwunschen habn die Gäst?
Ein besinnliches, ruhiges Weihnachtsfest!

Der Christkindl-Erpresser

Unser kloana Nachbarsbua
schaut olle Tag im Fernsehn zua
und is von dö Krimis besessn
wo die Gangster d'Leut erpressn.

Vom Christkindl wünscht er sich schon
seit langem so a Eisenbahn
wia ers bei dö andern siagt,
doch weil er glaubt, daß er's net kriagt
heckt er an bsundern Racheplan
und tuat, wias in die Krimis tan.

Kaum is z'Mittag d'Volksschul aus
schleicht er sich ins Gotteshaus
und nimmt beim Kripperl s'heilig Paar
dös aufgstellt is beim Hochaltar.

Draht Josef und Maria fein
in sein Zeichenheftl ein
rennt hoam damit im Dauerlauf
und hebts im Spielzeugkastn auf.

Auf d'Nacht liegt aufm Fensterbrett
a Zettel, wo geschrieben steht:

Hallo – Christkind!
Hör mich an.
Solltest du mir mei Eisenbahn
wieder net unterm Christbaum legn –
wirst deine Eltern nie mehr segn!

Keksdosengespräch

Is man vom hoamlichen Advent
so manches stille Wunder gwöhnt
und findt auch dort und da was statt
für dös man koa Erklärung hat –
ih bin heuer ganz perplex.
Bei uns dahoam, da redn die Keks!

Wanns ös net glaubts, dann kemmts ins Losn.
Was sich in so a blechern Dosn
olles abspielt unterm Deckel
haut jede Hausfrau aus dö Söckl.

He, ihr Spitzbuam, sapperlot!
Benehmts euch nebn an Bischofsbrot
schimpft der Spekulatius
und kriagt dafür an Witwenkuß.

Da meldt sich schon der Weihnachtsstolln:
Die Köchin soll der Teufel holn!
Jeds Jahr hat sie mich noch am End
von mein Hinterteil verbrennt.

Ja, wer so pfuscht, der ghört derschossn
jammern die Linzer ganz verdrossn.
Uns hats nämlich letzte Wochn
am Nudelbrett die Augn ausgstochen!
Jetzt kinnan mia durch d'Löcher schaun.

Ihr Schauer, gebts net gar so an,
melden sich da gleich die Trüffeln.
Bei dö Hausfreunde wollts schnüffeln,
aber dös wird euch net glücken,
die liegen aufm Rehrücken.

Jeder kriagt, wie ers verdient,
flüstert leis der spanisch Wind
und zoagt dabei auf d'Vollwertkipfel.
Wia ihr euch aufführts, is der Gipfel.
Wertvoll wollt ihr sein und gsund!
Frißt euch eh jeds Jahr der Hund.

Jaja, ihr Zimtstern, lachts nur drüber!
Ihr bleibts auch olle Jahr über.

Die Windbeutel habn uns betrogn,
um die mach ma an Mandelbogn.
Zerst kemmans, um uns anzuhimmeln
und dann wolln sie sich verkrümeln
san die Busserln außer sich
und legn sich auf den Bienenstich.

Was dann passiert – ih könnts net sagn,
mir hats nämlich d'Sprach verschlagn
wia ih so dasteh in der Speis.
Na warts! Euch tua ih noch was z'Fleiß!
Nie werd ih euch dös vergessen –
und jetzt zur Strafe – alle essen!

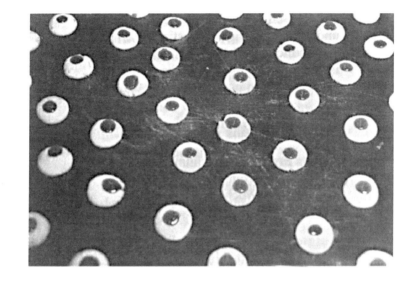

Nationalratswahl 1995, als zwei Erlöser kamen

Der gewählte Erlöser

Hat sich in der stillen Zeit
der Mensch schon immer vorbereit'
und sein Herz drauf eingestimmt,
daß endlich der Erlöser kimmt –
is heuer ganz a bsonders Jahr.
Heuer kemman nämlich zwoa.

Natürlich nur in Österreich.
Und Gott sei Dank net beide zgleich.

Der als erster zu uns kimmt
wird nämlich vom Volk bestimmt
und kimmt a Wochn früher an
daß man ihn net verwechseln kann.

Ausgschlossn wär dös nämlich nicht.
Weil ja auch er das Heil verspricht
und ganz öffentlich behaupt –
daß für dös Volk, dös an ihn glaubt
und ihm's Vertrauen abgewinnt,
der Segn auf Erden erst beginnt.

Der Esel hat dös eh net gspannt,
daß koana is vom Heilign Land.
Drum hat er sich auch sofort
angeboten fürn Transport.
Die Frag hätt er sich sparen kinna,
denn schließlich hat a Wahlgewinner
eh gnuag Eseln unter sich
und verfügt als hohes Viech
dös präsentiern muaß im Verkehr
über Dienstwagn mit Schaffeur!

Auch der Komet rennt schon im Kroas.
Weil er d'Richtung noch net woaß
schwenkt er überm Hohen Haus
wia a Scheibenwischer aus.
Er schwanzelt aufgregt über Wean,
verwechselt rot und blau und grean
und fürchtet, wann a Schwarzer gwinnt
daß er'n im Finstern gar net findt.

Wer also heuer im Advent
die zwoa net auseinanderkennt
und betet gar den falschen an –
der sollte stattn Fernseh schaun
sei Herz a bisserl lauter stelln.

Dann wird er schon den Richtign wähln
und jener Partei anghörn
wo alle Menschen Brüder werdn.

Wenns mih fragts – ih kann von der Weitn
die zwoa Erlöser unterscheiden:

Weil nämlich in der Heilign Nacht
der Echte die Armen reicher macht –
und der Gewählte draußen steht
und schenkt uns nur a SPARPAKET!

Der Weg zum Christkind

Weil koa Zeit im Jahr so rennt
wia die vier Wochen im Advent,
moanan heutzutags viel Leut
der Weg zum Christkind wär net weit.

Der Weg zum Christkind wär so was
wia a asphaltierte Straß,
die präpariert is für a Rallye
wo man beschenkt wird auf die Schnelle.

Wo man hupt und Kurven schneid't
und anderen an Vogel deut
wanns ansetzen zum Überholn,
weil sie auch zum Kripperl wolln.

Ha! So rasant und so bequem
gehts wieder net nach Bethlehem!
Zum Christkind findt koa Rennen statt.

Es is vielmehr a steiler Pfad
den man sich stückerlweis per Fuaß
erobern und verdienen muaß.

Da braucht man koane Wanderschuah.
A offnes Herz is reichlich gnua.

A Herz, dös für den andern schlagt,
der sein Weg nimmer derpackt,
a Streicheleinheit, wanns passiert,
daß sich oana wo verirrt
und Erste Hilfe, die im Kummer
mehr zählt als a Kontonummer.

Dös is der Weg, den heut viel Leut
zerstörn durch die Geschwindigkeit.

Er steht in koana Straßenkarten,
denn nur durch Vorrang gebn und wartn
und mit an herzlich warmen Lacha
kann man zum Christkind Meter macha.

Habts die Verkehrsregeln kapiert?
Dann fangts glei an, mitn ersten Schriatt!

Das Kripperl meiner Kinderzeit

Wann ih in der Mettnacht
die Kirchenkrippn so betracht
in der man mitn Gold hat gschwendt
daß oan fast in die Augen blendt –
denk ih noch mit Wehmut heut
ans Kripperl meiner Kinderzeit.

Am Troadkastn wars gern versteckt.
Ois hat a weng nach Hafer gschmeckt
und in der Holzwoll bei dö Schaf
hat d'Hausmaus vor ihrn Winterschlaf
a Lucka durch die Schachtel bissn
und an Josef d'Joppn zrissn.

Auch die Engerl warn net so
wia die vom Michelangelo.
In Leinenpfoadl himmellang
sans wia dö Hühner auf der Stang
umigspannt gwen über d'Hüttn.

Der Erzengel war in der Mittn
und wollt ollwei was Bessers sein.
Drum hat ihm in sein Heilignschein
d'Muttta rundum an Buxbam gsteckt.
Leider mit an Nebneffekt –
denn ausgschaut hat er ab und zua
wia a verkranzte Glocknkuah.

Der Vota hat sich recht bemüaht
daß olles richtig steht und kniat.
Daß net der Schüppl Hiatabuam
am Bodn liegt wia Kraut und Ruabn
oder womöglich der Komet
überm Esel niedergeht.

Ois hat er angricht nach sein Sinn.
Nur mir war ollwei zweng drin,
und wia er grad net in der Näh
hab ih vom Linde Malzkaffee
an Löwen und a Känguruh
und an Häuptling Winnetou
mittn unter d'Lamperl gstellt.

Jetzt war erst Frieden auf der Welt.

Net in den frohen Kinderjahrn –
viel später erst hab ih's erfahrn
was mir mei Kripperl hat bedeut:
Reich sein in a armen Zeit!

Bethlehem auf österreichisch

Jedes Jahr, wanns Weihnacht wird
und der Mensch a weng sinniert
denk ma uns, es is doch schad.
Warum muaß s'Jesukindl grad
geborn wern bei dö Bethlehemer,
statt daß bei uns auf d'Welt war kemma…

Zum Beispiel bei uns Österreicher.
Da könntn sie sich alle schleicha
da drunt im staubign Wüstensand
gegn unser herrlichs Alpenland.

Redn d'Leut auch so an Blödsinn zamm,
daß wir gegn Ausländer was habn –
beim Christkind kunnts uns neamd nachsagn.
Dös hätt ma auf Händen tragn!

Dös hätt ma nobelst einquartiert.
Da samma nämlich profiliert,
gastfreundlich und vielgerühmt,
dös hat noch jeder gsagt, der kimmt.
Drum triafft sich auch bei uns die Welt.

Freilich toan ma dös ois ums Geld –
aber wär s'Christkind zu uns kumma,
nicht einen Groschen hätt ma gnumma.

Was moants? Wir hättens gar net kennt
daß da ganz was Himmlisch rennt?
Geh! Sofort hätt ma dös gspannt
und wärn jetzt selbst dös Heilig Land!

Göttlich wärn wir da angehaucht.
Da hätt ma d'EU nimma braucht…

Daß wir den Titel heut net habn
hängt hauptsächlich mitn Josef zamm,
denn der war halt koa Genie
in der Weltgeographie,
der gwißt hätt, drentas Mittelmeer
gehts weiter, da wohnt ah nu wer!

Hätt der je unser Landl gsegn –
koa Stund mehr hätt er druntbleibn mögn
und ah d'Maria überredt
daß mit eahm da auffageht.

Drum triafft an Esel die ganz Schuld.
Der Lügen gstraft hat sei Geduld.
Der hat eah s'Bethlehem einbrockt!
Bei jeder Kreuzung hat er bockt
und zruckgschnabelt zum Zimmermann:

Jetzt kannst dir um an andern schaun!
Koan Meter steig ih nimma für,
wanns weitergehn wollts, ohne mia.
Bevor ih über d'Alpen tschecher,
solln mih da die Kaktus z'stecha.
In Bethlehem wird s'Kind geborn,
da obn hamma nix verlorn!

Ja, so wars schon zu früheren Zeiten
daß oft Eseln was entscheiden…

Schen wärs halt gwesen. Is net wahr?

Aber dafür habn ma oill Jahr
a Kripperl in die Weihnachtstag.
Da drin is ois nach unserm Gschmack:

A Almhütterl mit Blumenkistl,
an Brennholzzoa und Silberdistl
und sogar an Denglstock.

Da Josef tragt an Steirerrock,
d'Maria is in Landestracht
und s'Kindl in sein Kripperl lacht
und so oana Lebendigkeit,
daß wir in der Weihnachtszeit
oanfach jeds Jahr wieder moan –
es wär eh bei uns geboren worn!

Am Christkindlmarkt

Wolln sich heutzutags die Leut
a Stimmung holn für d'stade Zeit
gengans zum Christkindlmarkt.
Wo sich s'Christkind zwar net zoagt
wo's aber in an mords Gewimmel
zuageht wia im kloanen Himmel.

Die Turmbläser von St. Kathrein
stimmen mitn Andachtsjodler ein,
daneben spielt am Stand a Neger,
zehnmal so laut die Schürzenjäger
und a alts Muattal kauft nu schnell
a Gattihosn aus Flanell.

Die brauchts, wanns kalt wird, für ihr Mandl,
doch der wärmt sich am Glühweinstandl.
Durt a Glaserl, da a Schluck
mei, da glanzt da Christbaumschmuck
und man hat weit mehr davon
weil man ois doppelt segn kann.

Da gibts Schmiern vom Kräutermax,
wannst die Gicht hast in der Hax,
a Weltneuheit zum Radi hacheln,
a Politur für d'Ofenkacheln,
Hosenreahm aus Pakistan
Stoppelbüchsn, Marzipan
und viel Geschenke, wo d'Leut moan
sie habn mit Weihnachten was ztoan.

Weil man nur gstoßn wird und gschobn
derspart man sich zwar s'Autodrom
aber dafür hast halt oill Jahr
die Zuckerwatte in die Haar.

Jetzt werdn die Kinderaugen groß.
Da Weihnachtsmann kimmt hoch zu Roß,
teilt Zuckerl und Prospekte aus
von an neichn Möbelhaus
und an seine Arbeitsschuah
kennens ihn von da Müllabfuhr.

Auf d'Nacht wirds langsam still rundum.
D'Leut ziagts hoam in d'warme Stubn,
von Türkenkoffer reißen d'Hängeln
wia sich oill zum Ausgang schlängeln
und die Opfer vom Krambamberl
werdn wieder friedlich wia die Lamperl
wia sie sich zwischen Schaumrollnstandln
auf alle viere durchehandeln.

Drum machen d'Aussteller auch Schluß
und wias die Waren verstaun im Bus
gfrein sie sich, was ois anbracht habn
unterm Christkindl sein Nam.
Denn wanns auch selbst nia durchefliagt
wann was sein Namen tragt, dös ziagt
weil man nach der stillen Nacht
eh mit eahm koa Gschäft mehr macht.

Und wieder geht a Jahr zu End

Und wieder geht a Jahr zu End,
der Zoaga bleibt net stehn,
und wia das Jahr is auch dös Lebn
a Kemma und a Gehn.

Der Reif, der Tau, der Wetterwind,
die Sonn mit ihrem Schein
sie san der Rahmen für das Bild
in unserem ganzen Sein.

Drum gfrei dih über jeden Tag
der dir vom Himmel gebn –
die Zeit rennt fort ois wia da Wind,
das Jahr is wia das Lebn.

Weitere Bücher von Angelika Fürthauer
erschienen im Verlag Bayer, Wilhering

Jahresringe
Gedichte in OÖ. Mundart (Gebiet Attersee)
64 Seiten · € 11,50

Meine Guatn Seitn
Zeitgenössische Mundart
96 Seiten · € 11,50

Im Seitenspiegel
Zeitgenössische Mundartgedichte
94 Seiten · € 11,50

Sternzeichen für Lachdenker
Himmlisch & Bodenständig
112 Seiten · € 13,00

Weitere Bücher von Angelika Fürthauer
erschienen im Verlag Bayer, Wilhering

Frohkost und Lachspeisen
Gedichte für's Hirn und Nachtkastl
96 Seiten · € 11,50

Feiertag & FreUzeitwünsche
Für einwendige und auswärtige Anlässe
104 Seiten · € 13,00

Bandlkrama-Liadabüachl

64 Seiten · € 11,50

Angelikatessen

96 Seiten · € 13,00

Autobiographie von Angelika Fürthauer:

geborene Danter, wurde am 29. April 1950 in
Weyregg am Attersee geboren, besuchte
dort die Pflichtschule und wuchs am elterlichen
Bauernhof, der schon damals durch das Singen
und Musizieren der Eltern geprägt war, auf.

Bereits Mitte der sechziger Jahre verpackte
der Vater ihre ersten Verse in einfache Volkslieder,
die noch heute gerne nachgesungen werden.
Sie entwickelte sich sehr bald zum Geheimtip für
Parodien und Anlaßgedichte und schuf ein
beachtliches Repertoire vom Mottolied über
sakrale Texte bis hin zum Trinkspruch sowohl
für den eigenen Familiengesang als auch für
Ensembles, die etwas Besonderes suchten.

1974 heiratete sie auf dem Feldbauernhof
in Steinbach am Attersee ein, wo ihr Gatte Sepp,
selbst als Conférencier weitbekannt und viel-
beschäftigt, viel Verständnis für ihre „fremdgehenden"
Gedanken entgegenbringt, so daß in den letzten
Jahren ein Buch ums andere entstehen konnte.

Mittlerweile ist sie in der glücklichen Lage, mit
„selbstgestrickter" Musik aus der Familienwerkstatt,
ihren Kindern Katrin und Christian sowohl Instru-
mentalmusik als auch mit ihrem vor 15 Jahren
gegründeten Frauenterzett „Seeleiten Sängerinnen"
einen kompletten Abend „wie aus einem Guß"
bestreiten zu können.

Neben ihren beliebten Lesungen im Sommer
auf dem eigenen Bauernhof und Auftritten bei ver-
schiedensten Veranstaltungen wurde sie in den
letzten Jahren auch durch Rundfunk- und Fernseh-
auftritte für viele Freunde zeitgenössischer
Mundart ein Begriff für nicht alltägliche Literatur.